Bibliografische Information der Deutschen Bibliothek
Die Deutsche Bibliothek verzeichnet diese Publikation in der Deutschen Nationalbibliografie; detaillierte bibliografische Daten sind im Internet über http://dnb.ddb.de abrufbar.

Kreuz Verlag, Stuttgart
in der Verlagsgruppe Dornier GmbH
Postfach 800669, 70506 Stuttgart

www.kreuzverlag.de
www.verlagsgruppe-dornier.de

Texte aus: Brautbriefe Zelle 92. Dietrich Bonhoeffer – Maria von Wedemeyer 1943-1945
Hrsg. Ruth-Alice von Bismarck und Ulrich Kabitz. © C.H. Beck, München.

Alle Zitate entsprechen der Grammatik, Rechtschreibung und Zeichensetzung Dietrich Bonhoeffers.

Idee, Gestaltung und Realisierung:
© Agentur initiale, Sandhatten 2006
Alle Fotos: © Agentur initiale, Sandhatten - Seite 24 und 34: Julia Stuntebeck
Foto Bonhoeffer: © akg-images gmbh, Bonhoeffer im Gefängnis Berlin-Tegel 1944

Druck und Einband: Proost NV, Turnhout
Reproduktion: Peter Karau, Bochum
Printed in Belgium

ISBN 3-7831-2764-5
ISBN 978-3-7831-2764-5

Dietrich Bonhoeffer

Alles kommt aus guten Händen

Aus den Liebesbriefen an seine Braut

KREUZ

Es ist mir gewiß,
daß hier eine besondere
Führung Gottes
über mir waltet.
Die Art, wie wir uns
gefunden haben,
und der Zeitpunkt
so kurz vor
meiner Verhaftung
sind mir ein
zu deutliches
Zeichen dafür.

Drei Jahre vor seiner Ermordung durch die Nationalsozialisten im Konzentrationslager Flossenbürg begegnen sich Dietrich Bonhoeffer und Maria von Wedemeyer.

Zu dieser Zeit ist er bereits im Widerstand tätig und darf seine kirchlichen Ämter nicht mehr ausüben. Maria von Wedemeyer hat gerade ihr Abitur abgeschlossen.

Überschattet durch den Krieg und die Sorge um Familie und die Freunde entwickelt sich eine zarte Beziehung, die durch die Verhaftung Dietrich Bonhoeffers durch die Nationalsozialisten im April 1943 unvermittelt unterbrochen wird.

Sie werden sich in Freiheit nicht mehr wiedersehen.

Erst kurz vor der Haft und nur per Brief kommt es zur Verlobung von Maria von Wedemeyer und Dietrich Bonhoeffer.

Dietrich Bonhoeffers Briefe an seine Braut sind Zeugnis einer großen Liebe, unerschütterlich trotz räumlicher Trennung und den Grausamkeiten der Haft und des Krieges. Sie zeigen zugleich die unglaubliche Kraft, die tiefe Zuversicht und das ungebrochene Vertrauen dieses außergewöhnlichen Menschen.

Nur aus ruhigem, freiem,
geheiltem Herzen
kann etwas Gutes und Richtiges geschehen;
das habe ich immer im Leben erfahren,
und ich bitte Gott darum,
daß er uns das bald,
recht bald schenken möchte,
und daß er uns so wieder zusammenführt,
bald, recht bald.

Mit deinem ›Ja‹
kann ich nun
auch ruhig warten;
ohne dieses Ja war es schwer
und wäre immer
schwerer geworden.

Das Herz tut sich auf
und wird ganz weit und
übervoll von Dankbarkeit
und Beschämung und
kann es noch gar nicht fassen
– dieses ›Ja‹, das über unser
ganzes Leben entscheiden soll.

Jedes Gesetz, das der Mensch sich selbst auferlegt, hat seine Grenzen und seine Gefahren, dort nämlich, wo es das Echte und Natürliche nicht mehr schützt, sondern bedroht. Das haben wir in den vergangenen Jahren immer wieder gelernt, wenn Gott unsere Pläne, Gedanken, Lebensformen, die wir gut und nötig hielten, zerschlagen hat.

Gottes Sprache
kann größer werden
als unsere eigenen Gesetze.

Ich fürchte, daß
die Christen, die nur
mit einem Bein
auf der Erde zu stehen
wagen, auch nur
mit einem Bein
im Himmel stehen.

Dazu gehört Glaube;
Gott schenke ihn uns täglich;
ich meine nicht, den Glauben,
der aus der Welt flieht,
sondern der in der Welt
aushält und die Erde
trotz aller Not,
die sie uns bringt,
liebt und ihr treu bleibt.

Diese Wartezeit ist eine ungeheuer kostbare Zeit; es liegt viel daran, *wie* wir sie bestehen und daß wir uns später nicht schämen müssen, daß wir das Geschenk, das Gott uns mit diesen Monaten der Bewährung gegeben hat, nicht erkannt haben.

Unsere Ehe soll ein Ja
zu Gottes Erde sein,
sie soll uns den Mut,
auf der Erde etwas zu
schaffen und wirken, stärken.

Ich glaube, daß nicht nur ich,
sondern auch Du
in Deinem Leben an den Punkt
gekommen bist,
an dem wir uns begegnen mußten.

Vor dieser Wirklichkeit
versinken alle Fenstergitter.
Dann bist Du bei mir;
was geht mich die
verschlossene Tür an?

Wenn bisher in Stunden unfruchtbarer Selbstkritik der Gedanke an die Treue und Liebe so vieler Freunde mir wieder Mut gegeben hat, so spüre ich nun mehr und mehr wie mir durch Dich, ein ganz neues Vertrauen zum Leben gegeben wird, und wenn ich Dich wieder eine Stunde gesehen habe, dann denke ich, daß dieses Vertrauen garnicht mehr verloren gehen kann, und wie wird das erst sein, wenn wir ganz zusammen sind!

Aber wir wollen auch bis zum letzten Tag geduldig sein und auch diese schwere Wartezeit für Gottes Weg mit uns halten, bis wir vielleicht eines Tages besser verstehen, wozu er uns gut war.

Es wird allmählich
ein Warten,
dessen äußeren Sinn
ich nicht begreife;
den inneren Sinn
muß man täglich
neu finden.

Auf einen Berg steigt man ja
auch im Zick-Zackweg,
sonst käme man garnicht
herauf und von oben
sieht man oft ganz gut,
warum man so gehen mußte.

Du begeleitest mich vom Morgen bis zum Abend durch den ganzen Tag.

Ich weiß, ich bin
schrecklich ungeschickt
Dir etwas zu sagen, was
dich freut und tröstet
und Dir zu zeigen, wie
lieb ich Dich habe.

Dein Lachen – nicht wahr,
auch wenn wir lachen,
sind wir ein bißchen traurig?
– ich sehe Deine Augen,
ich spüre Deine Hand.

So mußt Du
doch wissen,
daß Du
da in mein Ich
immer ganz
miteingeschlossen bist.

Wir wollen doch bei allem täglichen Hoffen und Bitten keinen Tag vergessen, Gott für das unendlich Viele zu danken, das er gegeben hat und noch täglich gibt. Dann werden unsere Gedanken und Pläne klarer und ruhiger werden und wir werden unser persönliches Schicksal leicht und willig auf uns nehmen.

*Wir dürfen Gottes Wegen
nicht vorgreifen,
aber wissen doch jedenfalls,
daß er uns auch in harten
Zeiten nicht verläßt.*

Habe ich nicht allen Grund, auch wenn es nur ein entfernter Schimmer von dem Glück ist, das einmal über uns aufgehen soll –, schon dafür unendlich dankbar und glücklich darüber zu sein?

Es gibt doch noch einen heiligeren Engel als den Schmerz, das ist die Freude an Gott.

Wie schwer ist es, das innerlich zu bejahen, was sich dem Begreifen entzieht, wie groß die Gefahr, sich einem blinden Zufall ausgeliefert zu fühlen, wie unheimlich schleicht sich in solchen Zeiten Mißtrauen und Bitterkeit in unser Herz und wie leicht nimmt der kindische Gedanke von uns Besitz, als seien wir mit unserem Leben, unseren Wegen und Widerfahrnissen in den Händen von Menschen.

Die einzige wirklich
kaum zu ertragene
Entbehrung ist
die Unmöglichkeit,
in diesen schweren Tagen
anderen Menschen
helfen zu können.

Was Menschen uns auch zufügen, sie müssen in allem doch nur dem Gott dienen, der sich im Verborgenen als Liebe offenbart und die Welt und unser Leben regiert.

Das, was uns böse und finster erscheint, ist in Wahrheit gut und licht, weil es von Gott kommt. Unsere Augen sehen nur falsch.

Gerade weil sich alles
äußere Sorgen diesmal
von selbst verbietet, wird
es sich herausstellen,
ob wir am Wesentlichen
allein genug haben.

Alles wird schön und gut werden
zu der Stunde,
die Gott dafür ersehen hat.

Gott ist der Reichtum in der
Armut, das Licht in der Nacht,
die Hilfe in der Verlassenheit;
es widerfährt uns nichts böses.

Erst muß man einen Kummer ehrlich überwunden haben, dann muß man an ihm vorbeidenken lernen und schließlich darf man ihn auch vergessen; aber die umgekehrte Reihenfolge wäre falsch und unfruchtbar.

Das Herz ist so voll von guten, friedlichen und dankbaren Gedanken und es weiß sich so geborgen vor allen Gefahren und Anfechtungen.

Wenn das Wirkliche mir überstark vor die Seele tritt, geht mir der Atem der Worte aus; ich denke dann, Worte könnten alles nur abschwächen, stören, in Unruhe bringen, was ohne sie stark, klar und ruhig ist.

Es ist vielleicht auch garnicht gut, wenn alles, was man sich sonst wortlos zu verstehen gibt, in Worte umgesetzt werden muß. Der Unterschied zwischen der Wirklichkeit, nach der man Verlangen hat, und den Worten, die die Brücke zu dieser Wirklichkeit schlagen wollen und doch nicht können, ist zu überwältigend.

Was in verschwiegenen
Gedanken und Träumen
mich zu Dir zieht und
an Dich bindet, liebste Maria,
das kann erst in der Stunde
offenbar werden, in der
ich Dich in meine
Arme schließen darf.

Laß Dich umarmen,
lang und innig, und küssen und
Dich liebhaben und
Dir den Kummer
von der Stirn streichen.

Sieh' ein in vielen Stücken verkehrtes, selbstsüchtiges, ungeschicktes, schwaches Herz, das aber auf Erden nur noch Ruhe finden zu können glaubt, wenn sich Dein Herz ihm auftut.

Ich habe vor Jahren einmal ein Gespräch darüber gehabt, ob Eltern die ›Freunde‹ ihrer Kinder sein können und sollen; ich habe das abgelehnt und lehne es noch heute ab. Man darf die Ordnungen nicht verwischen, nur dann bleiben sie rein und göttlich.

Was für ein unbegreifliches
Glück ist es für einen
Menschen, Eltern zu haben,
an die man nur mit tiefster
Dankbarkeit und
Ehrerbietung denken kann.

Zeit ist heute
das kostbarste Gut;
denn wer weiß,
wieviel Zeit
ihm noch geschenkt ist.

Sondern ich will
ganz einfach Dich,
wie Du in Wirklichkeit
und ohne Anstrengung
und Bewußtheit bist,
das ist viel ›wichtiger‹
und ›größer‹;
denn es ist
das wirkliche Leben,
wie es aus der
Hand Gottes quillt.

Wir dürfen voneinander
nicht mehr erwarten
als uns gegeben ist.

Wir wollen uns einfach so nehmen wie wir sind und uns darin sehr, sehr lieb haben, und wachsen lassen, was wachsen will und die Stunden nehmen, wie sie kommen, Stunden des Entbehrens ebenso wie die ersehnte Stunde der Erfüllung.

Bleibt denn nicht Liebe immer, immer Sehnsucht, ja im Letzten nie ganz zu stillende Sehnsucht nacheinander? Was wäre eine Erfüllung, die uns die Sehnsucht nähme?

Und vor allen Dingen
müssen wir
unser ganzes Leben
unter den
einen Gesichtspunkt stellen,
daß wir zusammengehören,
und danach handeln.

Die Liebe

ist nicht etwas an sich,

sondern sie ist so

wie die Menschen sind

und geworden sind.

Über allem Vergangenem
steht Gottes Güte
und Gottes Vergebung.

Wir dürfen unsere
Vergangenheit nicht verlieren,
sie gehört zu uns und
soll ein Stück von uns bleiben,
sonst geraten wir
in Unzufriedenheit
oder Schwermut.

Wir müssen alles Vergangene immer wieder durch das Reinigungsbad der Dankbarkeit und der Reue gehen lassen; dann gewinnen und erhalten wir uns das Vergangene.

Wenn die Sonne uns
bestrahlt und
im Innersten erwärmt,
wollen wir uns
darüber beklagen,
daß sie uns nicht verbrennt?

Ich wäre nicht der, der ich bin, ohne alles das, was ich erlebt und erfahren, was ich getan und worin ich geirrt und gefehlt habe. Man soll seine eigene Vergangenheit nie verachten.

Es ist als ob die Seele in der Einsamkeit Organe ausbildet, die wir im Alltag kaum kennen.

Wenn es im alten Kinderlied
von den Engeln heißt:
›zweie die mich decken,
zweie, die mich wecken‹,
so ist diese Bewahrung
am Abend und am Morgen
durch gute unsichtbare Mächte
etwas, was wir Erwachsenen
heute nicht weniger brauchen
als die Kinder.

Laß uns nie
an dem irre werden,
was uns widerfährt;
es kommt alles
aus guten, guten Händen.

Dietrich Bonhoeffer

4. Februar 1906	Geboren in Breslau
ab 1912	in Berlin aufgewachsen
1923 bis 1927	Theologiestudium in Tübingen, Rom und Berlin
1927	Promotion
1928 bis 1929	Vikariat in Barcelona
1930	Habilitation in Berlin
1930 bis 1931	Studienaufenthalt in New York
1931 bis 1933	Privatdozent und Studentenpfarrer in Berlin
1933	Pfarramt in London, Beginn der kirchlichen Oppositionsarbeit
1935	Übernahme eines illegalen Predigerseminars in Finkenwalde
1937	Schließung des Predigerseminars durch die Gestapo, danach illegale Weiterarbeit
1939	Reise nach New York, Rückkehr vor Kriegsbeginn
1940	Einsatz als V-Mann für den Widerstand
1941 bis 1942	Reisen in die Schweiz, Norwegen, Schweden und Italien im Auftrage des Widerstandes
Januar 1943	Verlobung mit Maria von Wedemeyer
5. April 1943	Verhaftung und Inhaftierung in Berlin

8. Oktober 1944	Verlegung in das Hauptgefängnis der Gestapo in Berlin
7. Februar 1945	Deportation ins Konzentrationslager Buchenwald
5. April 1945	Verurteilung zum Tod
8. April 1945	Verlegung in das Konzentrationslager Flossenbürg
9. April 1945	Vollstreckung des Todesurteils durch Erhängen